जड़ों की आखिरी पकड़ तक

[कविता-संग्रह]

जड़ों की आख़िरी पकड़ तक

रवीन्द्र भारती

राधाकृष्ण प्रकाशन

ISBN : 978-81-7119-595-4

जड़ों की आखिरी पकड़ तक

पहला संस्करण : 1980
संशोधित संस्करण : 2000
पहली आवृत्ति : 2024

मूल्य : ₹295

प्रकाशक
राधाकृष्ण प्रकाशन प्राइवेट लिमिटेड
जी-17, जगतपुरी, दिल्ली-110 051
शाखाएँ : अशोक राजपथ, साइंस कॉलेज के सामने, पटना-800 006
पहली मंज़िल, दरबारी बिल्डिंग, महात्मा गांधी मार्ग, प्रयागराज-211 001
1, अनमोल सोराबजी संतुक लेन, धोबी तलाव, मरीन लाइंस, मुम्बई-400 002
वेबसाइट : www.radhakrishnaprakashan.com
ई-मेल : info@radhakrishnaprakashan.com

मुद्रक
राजकमल प्रकाशन प्रा.लि.
नई दिल्ली-110 002

JADOON KI AAKHIRI PAKAR TAK
Poems by Ravindra Bharti

कुआनो नदी के कवि
सर्वेश्वर दयाल सक्सेना के नाम

स्वस्ति श्री

प्रियवर मित्र अशोक महेश्वरीजी की शुभेच्छा का यह परिणाम है कि 'जड़ों की आखिरी पकड़ तक' का दूसरा संस्करण देखने को मिल रहा है। हम अशोकजी के प्रति हृदय से आभारी हैं। कृतज्ञ हैं।

मित्रों के आग्रह एवं दबाव पर संग्रह में कुछ संशोधन के साथ-साथ उस काल-खण्ड की तीन छोटी कविताएँ भी जोड़ दी गई हैं, जो असावधानी के चलते प्रथम संस्करण में जाते-जाते रह गई थीं।

आशा है, कविता के पाठकों को नए कलेवर में संग्रह को पाकर उतनी ही खुशी होगी, जितनी मुझे हो रही है।

5.6.2000 —रवीन्द्र भारती

रक्तमांस का वह छज्जा
गौरेया का यह छप्पर
डोल रहा था तब से मन में
अब नहीं डोलता आकाश और छप्पर।

कविता-क्रम

जल

जिस पल
तल में कुछ आया
उसी पल
तल से उठता है जल
हिलता है छोर-छोर
किसने कहा—फटता नहीं है जल !

नेपथ्य

अनाम पैरों से निकलनेवाली राह हूँ मैं
हूँ अदृश्य धागों की पतंग
मंच के परदे के पीछे नहीं
झूलते पालने में है मेरा नेपथ्य।

बुद्धा नदी

बुद्धा हरहराती हुई
छूती है कठजामुन की पुनई
खेत, मेंड़, मैदान
बाग-बगीचा, देवी का थान
लबालब बहता हुआ आता है नजर
मेघों का एक लहरा गया।

कमीज छाती तक चढ़ाए
गाँव के लड़के जलकुंभी का एक थान काटकर
आहिस्ते-आहिस्ते ठेलते हुए
लाते हैं किनारे
फिर जिस झटके से जलकुंभी की जड़ों में मछलियाँ खोजते हैं
कौओं और बगुलों को हाँकते हुए
उसी झटके के साथ मैं—
कहकर निकल जाने के फेर में हूँ।

आग माँग कर पड़ोस के घर से
बहन आग सुलगाने लगी थी
जुलूस से अभी 'वो' नहीं लौटे
माँ लालटेन लिए गाँव में कहने लगी थीं
कुएँ की जगत-सी बाँह पर
बच्चों का डोर पड़ा था
बच्चे चाहते थे खोल देना अँधेरे का राज
उस दिन बच्चों ने तसल्ली को चित्त किया था
मन-ही-मन मैंने मौत को जिया था

सुबह जब आँख खुली, देखा
न बच्चे, न डोर
सिर्फ कुआँ था
ऊपर के लोगों का कहना है—कोई पूछे तो कहो
टाइफाइड हुआ था।

ताजा महुए-सा सफेद कागज हाथ में लिए
उँगलियों का मुँह खोलता हूँ
उन शब्दों के अर्थ में जाना चाहता हूँ
जिन्होंने हमारे बच्चों को
हमारे लड़कों को
मारा है जुलूस की शक्ल में
भिन्न-भिन्न तरीकों से, एक-एक कर।

उन शब्दों के अर्थ में जाना चाहता हूँ
जिसने हमें आग में भूनकर निकाला,
और सैलाब के रेले के साथ
शहर के इस सड़क पर लगा दिया

मैं उन शब्दों के अर्थ में जाना चाहता हूँ
यह जानते हुए कि एक वर्ष पूर्व
हममें से कोई एक गया था
जो थाने के अधीन हो गया
उसके एक वर्ष पूर्व कोई दूसरा गया था
वह विधान सभा के गाल का कालिख और चून हो गया
और हममें से कोई एक तीसरा भी गया था
और आधे रास्ते में ही खून हो गया।

खँगाल रहा हूँ

नब्जों में सर उठाते
मुझे नंगा करते
मेरी जुबान पर जो बैठ जाता है
उसे कितना अनकहा रखा अभी तक
तुम्हें पता है ?
मेरे पीछे कहाँ सेंध कटता है
चौराहे से वापस आने पर ही
मेरा सूरज निकलता है
हम किस पर शुबहा करें ?
सड़कों का जाल, टीन की छतें
और टाट के दरवाजे के अंदर
नंगा झोरी लेता हुआ मेरा हर अपना
जोड़ देता है मुझे, हर जुड़ने वाले अक्षर के साथ।

हर जुड़ने वाले अक्षर के साथ
यही व्यथा है
कि वह अपने हाथ के आदमी के हाथ
कहीं गमलों में, कहीं सीखचों में
खड़ा है।
हर दुख का इश्तहार नहीं होता
मुझे जो चुभ रहा है उसे,
मैं खँगाल रहा हूँ
मैं अपनी किसी भी चुभन को
धनुष नहीं बनने दूँगा।

रोटी

यह अफसरनुमा आदमी
अंदर से नहीं, रटकर बोल रहा है
बोलते-बोलते उस दिन शोर लाल पगड़ी-सा
मेरी आँखों में तिर आया था
जिसे बच्चे उतारने में लगे थे
औरत जिसे खिसकाते कहने लगी थी—पहाड़ से तो लड़ रहे हो
बच्चों का क्या होगा ?

हम पहाड़ से लड़ रहे हैं
सुना आपने ?
यह रोटी को पहाड़ कहती है।

पेड़

छहरती तपिश पेड़ों को नंगा करती—
नंगा करती—आगे बढ़ती
दूसरे सिरे से नंगे पेड़ों की डंठलों में—
मुँह खोलते पत्ते
कतार की कतार छा जाते हैं
बड़ी-से-बड़ी रातों में
तेज-से-तेज हवाओं का जाल फाड़कर
अपना होना गा जाते हैं

गाते हुए पेड़ों में
पानी का पेट बजता हो
या जलती हुई सिराओं में
उड़ती हुई रेत टूटती हो
पेड़ों पर चिड़िया आती है
ऐसे आती है—
नग़ाड़े पर आती है
कड़े-कड़े-कड़, कड़े-कड़े-कड़
कड़े-कड़े-कड़, धम्म...
जैसे डफलियों के कंधे पर
झूलते हुए बाले मियाँ आते हैं—
घुंघरुओं में बोलते
झुन्न...झुन्न...झुन्न...

आलू दौड़

अंततः वह जीत ही गया
आलू दौड़ प्रतियोगिता
दस मीटर की वह दौड़
कितने मीलों की लगती थी
कितना घबड़ाता था जी—
देखकर दर्शकों की भीड़
कितनी-कितनी बार धावकों के पीछे
दाँतों के नीचे दबे चम्मच से लुढ़क गया आलू
न जाने कितनी लंगी खाकर
देह झाड़कर उठा यह मन !

कौन समझेगा कि—
चम्मच पर आलू के संतुलन को बरकरार रखना
कितना कठिन होता है दौड़ के समय
और कितनी उत्तेजक होती है—
वह जीत, जिससे पूरी होती धावक कहलाने की साध !

विधायकजी चुनाव जीतने के बाद
सुना रहे हैं अपने बचपन का किस्सा
वे मुसकराते हैं, हँसते हैं
चाँदी के चम्मच से उठाते हुए खीर
कहते हैं कि—
इसी चम्मच से...जी हाँ, इसी चम्मच से...

घृणा

मुझे घृणा नहीं है उससे, जो—
दूसरों के आगे दाँत निपोरता, खुशामद में
हिलाता हुआ मूड़ी हासिल कर लेता है पुरस्कार
फिर तिकड़म के विरुद्ध उठाता है प्रगतिशीलता का झंडा
मुझे घृणा नहीं है...नहीं है...नहीं है...

मुझे घृणा नहीं है उससे जो
बात-बात पर स्त्री को पीटता
बच्चों को दुत्कारता और लाश के पास बैठकर
गटकता हुआ भोजन गुनगुनाता है—
वैष्णव जन ते तेने कहिए पीर पराई जान रे

मुझे घृणा नहीं है...नहीं है...नहीं है उससे
घृणा है तो बस उनसे जो—
इनकी पीठ पर रखते हैं हाथ

रात का किस्सा

फुरसत जब मिलती
बैल अपनी टाँग उठाता
दुखती हुई नाल को पटकता
देखते-देखते
कान और नाक की नसें एक हो जातीं
ऐसे में चिड़िया आती
चिड़िया बैल के साथ मजाक करती
बैल उछलता, कूदता
सींग चलाता
चिड़िया उड़ जाती
बैल धाराप्रवाह रोता रहता

चिड़िया और बैल के इस खेल में
मैं बड़ा हुआ
बाहर-भीतर जो था—
वह छलल-छल हुआ
इसे चिड़िया नहीं जानती, बैल भी नहीं जानता
चिड़िया ऐसे ही चहकती रहती
बैल ऐसे ही नाचता रहता

बैल जहाँ तक चलता जाता है
उसकी दुनिया वहाँ तक होती जाती है
मगर चिड़िया की दुनिया
पेड़ों तक आते-आते छोटी हो जाती है

चिड़िया जहाँ तक गयी
बैल जहाँ तक गया
मैं वहाँ तक गया
वहाँ-वहाँ से कहाँ-कहाँ तक गया
चिड़िया इसे नहीं जानती
बैल इसे नहीं जानता।

बच्चों के लिए

पिता
अभी-अभी जवान फसलों में—
लोटा भरा जल और पल्लव के साथ
उतर गए
लाने 'नवा'[1]

सूप-सी हथेलियों से जहाँ गिरा है अन्न
वहीं अलग पड़ा है मिट्टी का कण
इस फैसले पर बैठी माँ—
अभी-अभी आग को देने गयी है हवा।

ऐसे माँ, पिता के बच्चों, चलो-चलो
हजार फिट नीचे पड़े लोगों के बीच चलो
चलो कार्बन के ऊपर पेन्सिल की तरह
प्रत्यंचा पर सधे तीर की तरह चलो
नख मारते पंजों को—
लासा की तरह लसो।

---

1. नवा = नवान्न के खेत से लाया गया अन्न।

अश्वमेध

सात मुँह अठाइस पैरोंवाला घोड़ा
बेहद हँसमुख और पानीदार
उत्सव में दौड़ता है सरपट।
वह जुबान और आँखों के द्रवित प्रसंगों के संग
प्रवेशद्वार के सभी स्वागतम् को
अपने पीछे छोड़ रहा है।
वह जहाँ पैदा हुआ,
असंख्य किरणों की ताकत
जहाँ उसके पैरों को मिली
वहीं वह अनदेखा, अनचीन्हा !
यह कैसा विलोम है।

उत्सव में आते ही
वह उत्सव की आँखों पर छा जाता
अपने पैरों की नाल से
वह चिनगारी छोड़ता
हवाओं में द्वार फोड़ता है

मेरा कवि मन अपने को गार-गारकर
उसे यहाँ-वहाँ आँकता है

मौसम के किसी छोर पर जाओ,

तारकोल की कितनी सड़कें हाँफ रही हैं

ज्यों-ज्यों वह अपने कदमों में गति भरता है
उत्सव के किसी छोर पर जाओ,
देखो
वह जब रुकता है तब भी सरपट में होता है।

बसंत

इधर की खपरैल पर
चीलों ने गोड़ रँगना शुरू किया है
दूर-दूर तक शोर है—
मेरे गाँव में बसंत आया है।

कोशिश करो

हजारों हजार घर
मेरे लिखने की मेज से गुजरते हैं
हजारों, हजार रास्ते याददाश्त लिए
इसी मेज पर कंधा बदलते हैं
इन्हीं रास्तों में से एक रास्ता है
जिसे अख्तियार किया था पाँवों ने
गर्म, शीत
धूप, कीच की तमाम दूरियाँ नापता
अपने को बदलना चाहा था
कि लहुलूहान हो गया
ठीक महीने भर बाद सुना
वह पूरा गाँव हो गया।

इन्हीं रास्तों में से एक रास्ता है।
जो घोड़े पर चढ़कर आता था
दरवाजों को दस्तकहीन कर धूल उड़ाता
गाँव के चेहरे पे लिख जाता था
मुँह को दुम
दुम को मुँह

इस पुनरावृत्ति की महामारी में आदमी के कितने वर्ष मरे
जानवर के कितने वर्ष बचे
यह छप रहा है वक्त की पीठ पर
अपने मित्रों में से किस मित्र का पत्र खोलूँ

हर संवाद आरंभ करता है लड़ाई
हर मित्र कर रहा है युद्ध
हम युद्ध के रास्ते में हैं
हमारे लिए कितना मुमकिन है
चलते-चलते घने मेघों-सा बरस पड़ना,
बिजली-सा तड़पना और किसी के लिए
गाज बन जाना
देखने की कोशिश करो
हमारे पाँव के नीचे की जमीन कितनी बर्फ है,
कितनी आग !

स्मृति–1

जंगल लौटता है
नदियाँ लौटती हैं
गड़गड़ाहट लिए लौटता है आसमान–
सिर से
पृष्ठ से
चढ़ता है, उतरता है
पूरा दिन बेंत-सा कँपता है,
बजता है
जब-जब
तुम्हारे गाँव का कोई
दिखता है

स्मृति–2

पिकनिक की हरियाली में
हवाएँ जब केश की तरह पत्तियों को–
उलटती-पलटती हैं इधर-उधर
फटे हुए पन्ने की तरह
पेड़ पर अटका हुआ दिखता है चाँद
रेत पर लिखे हुए प्यार की–
बस इतनी है याद

हाथ

घाट की सीढ़ियों से उठो !
बौराई हवा, तूफानी जल, जिद्दी आकाश
उठो !

ताड़ की पिपिहरी बजाते
ताड़ का सिपाही नचाते
काठ के घोड़े से उतर गए कुछ वर्ष
उन वर्षों को बीच की हरी नोंक तक लाकर
हटाकर सेवार, छाँटकर काई
बताओं हमें, लहरों के झूले में झूलती
पानी की दुनिया कहाँ आकर–
पकड़ लेती है मोड़
वर्षों भरी आँधियों में बिना थून्हीं के कैसे थमते हैं पेड़
उठो !!

लो एक सीढ़ी चढ़ा, आईना उठाए एक सीढ़ी बढ़ा
जानती हो सीधे-साधे हाथ
धूम्रपान करते-करते कहाँ चले जाते हैं
और कहाँ रह जाते हैं हाथ पर हाथ धरे दुर्बल हाथ ?
यह सब जानता एक हाथ
बोझा ढोता कुछ दिन माँ के सामने मरा
ईख पेरता कुछ दिन समाज के सामने मरा
कलम घसीटता कुछ दिन
मेरे और भाई के बीच मरा

वह हाथ मेरा बाप
सीधी जो कर पाता अपनी बात
नाचती कठपुतलियों का यदि जानता नेपथ्य !
हालाँकि मैं उसी नेपथ्य से आ रहा हूँ
लिए अनेकानेक संवाद
कलम चलाने वालों का संवाद
बोझा ढोने वालों का संवाद
ईख पेरने वालों का संवाद
हर संवाद में बाप जी रहा है, बाप चल रहा है—
बाप हँस रहा है

होती है बारिश
कटती है मेंड़
चलता है लवादा
झरता है पेड़
उठो, चलो...
लो एक सीढ़ी...आईना उठाए...

बादशाह जब-जब शहर में आता है

रात बारह बजे
घोड़े पर सजे
पिस्तौल लटकाए
टप, टप, टप
कुछ लोग सड़क-सड़क लगा रहे गश्त

रात बारह बजे
लाल मोटरें जल छिड़कती
घूम रही हैं सड़कों, उतान पड़ी पटरियों पर

रात बारह बजे
मुँह पर हाथ धरे
कमीज सिरहाने रखे, हाथ गाड़ी के लोग
खोज रहे हैं जगह
बेंत घुमाते कुछ लोग कहते हैं–
सड़क पर मत करना सुबह

सड़क के कोठे पर
गणतंत्र बाबू का चल रहा है प्यार
सड़क के कोठे पर
बड़े-बड़े पंजे ले रहे हैं डकार
सड़क के कोठे से निकलने को
सनेही बरसों से
खोज रहा है द्वार।

कोठे की सीढ़ियों पर
फूल की तरह सूँघते पूरे शहर को
पीते हुए घटनाओं के जहर को
आदमी की एक जमात
पूरी रात चूनाकली करती रही
बाँसों पर बल्लियाँ कसती रही।

पाठशाला के मास्टरों को—
तख्तियाँ थमा कर चले गए जो
दूसरे की कुर्सी, दूसरे की मेज लिए
आगे-आगे बढ़ गए जो
उनकी चर्चा में सुबह रहेगी व्यस्त
और कड़ी, और कड़ी होगी गश्त

ऊबड़-खाबड़ सूरत, छिपा रहा है—
बादशाह का कारिंदा
बादशाह रूठेगा
तो जला देगा जिंदा
इस तरह लापता हो रहे हैं लगातार
इस शहर में हाथ गाड़ी के लोग
इस शहर को जानते हैं, क्या हुआ है रोग ?

सूर्य को ज्योति

[साथी कवि सूर्यदेव (जो अभी जेल में हैं) और उनकी बेटी ज्योति के लिए]

हाशिए खींचते
मुझे जिस पंक्ति के मध्य में लाकर
हाशिए खींचते
मुझे जिस पंक्ति की धुरी कहकर
तुमने छोड़ा
चली गई दनदनाती हुई पहचान
नीले-पीले की पहचान
आसमान पर आसमान काटती
चली गई घोंसले की पहचान।

बरखा के मेघों की तरह
हम बहते रहे
छोटी-छोटी क्यारियों में
तितलियाँ-मधुमक्खियाँ पैदा करते हुए
और प्रार्थना हमारी खुश होती रही
डूबती गगरी से जल की किलकारियाँ सुनकर।

अंडा सेती मुर्गियों-सी सुबह
बिना बांग दिए निकल जाती है
हम कलेंडर की तारीखों में खोजते रहते हैं सूर्य
और सुनते रहते हैं—
ज्योति बिस्तर पर बिस्तर बदलती है
अब वह यहाँ नहीं सूर्यगढ़ा में रहती है।

ज्योति के लताओं-से फैले केश
लाल रीबन से सजे जब-तब उलट जाते हैं
हाथ के खिलौने जहाँ-तहाँ पड़ जाते हैं
मैं उसे उठाता, दुलारता पूछता हूँ—क्या कर रही है ?
ओ, खिलौने बेच रही है
देखो गाड़ी आ रही है
बचो-बचो बस जा रही है।

मुँहमार अँधेरे में घर लौटता
सोचता, खोजता रहा कलेंडर की तारीखों में सूर्य
फ्राक जाँघिए में
ज्योति खिलौने बेचती दिन-दिन होती गई औरत
लड़की नहीं हुई
जबकि था सत्रहवाँ बरस।

सत्रहवें बरस में
ज्योति जटाधारी-सी लाल
पकड़ती रही मछलियाँ
जा-जाकर ताल-ताल
उतारती रही मरे हुए जानवरों की खाल
ज्योति हमारे खाने की थाली में पड़ती है
कभी मक्खी होकर
कभी नींद में डोलती है चाकू लेकर
मैं जग जाता हूँ, उठ जाता हूँ
हँसते हुए कहता हूँ—मोटर आ रही है
गाड़ी आ रही है

ज्योति अपनी उम्र से तिगुने आदमी को
सिखाती रही गेंद
कब तक सिखाती ?
चारपाई-चारपाई का होता है भेद

ज्योति यहीं खेलती थी
यही है मेज
यही उँगलियाँ हैं जो उसकी बाँसुरी में करती थीं छेद
उसकी बाँसुरी किस जगह बजती होगी ?
वह किस जगह खिल-खिल हँसती होगी
खेलने की उम्र आई
दोस्त ने सोचा अब वह खेलती होगी
पढ़ने की उम्र आई
दोस्त ने सोचा अब वह पढ़ती होगी
सजने की उम्र आई
दोस्त ने सोचा अब वह सजती होगी
मिलने पर पूछेगा—बोलो वह किस फूल-सी लगती होगी ?
जिस गली में ज्योति गई है
मैं उसी गली में सुनते भाग जाऊँगा झुरिया झार
कहते हुए—ज्योति-ज्योति-ज्योति
नमस्कार !
नमस्कार !!
नमस्कार !!!

दिन जाता है
हम कलेंडर की तारीखों में खोजते रहते हैं सूर्य
दाग लगाते पढ़ते जाते हैं उसके पत्र
दोस्तों अब दिन रहा नहीं दूर
बरस कुछ बरस
लोग चखेंगे रस
दोस्त अंदर ही अंदर ज्योति को रहा था रच
दोस्त जब रचता है
तो पटवारी का बस्ता खुलता है
गाँव का सिवान सहज ही दिखता है।

कलेंडर की तारीखों में खोजते हुए सूर्य
मैंने एक दिन ज्योति से कहा—
ज्योति देखो जेल इसी दिन टूटेगा

सूर्य इसी दिन छूटेगा
सूर्य की ज्योति की तरफ
मन जाने को लपकता है
देखो, सूर्य अब मुझमें पिघलता है।

मौसम

हल्दी लगे पत्रों-सा मास
जँगलों के बाहर नमस्कार जनाकर
चला गया वृक्षों की तरफ
पुल के नीचे-नीचे बढ़ गया—
काई, सेवार हिलकोरते-हिलकोरते

हमने तलवे देखे
हथेलियाँ निहारीं
फिर नाम पूछा—
तुम कंधे पर ढोल लटकाए
बेटे को कृष्ण, बेटी को राधा बनाए
नचाते रहे दुकान-दुकान

हमने तलवे देखे
हथेलियाँ निहारीं
फिर नाम पूछा—
तुम पेट पर बाँस लिए—
दिखाते पेट
पेट पर रंगीन गुब्बारा बाँधे
दागते पेट

पेट पर हाथ धरे—
बन्द करते पेट
नाम बोले बिन चले गए
कुँकुआते—कुँकुआते

गुल्लू

गुल्लू बैसाख की तपती धूप में
चरती गायों के पीछे
नंगे पैर चलते-दौड़ते
दूसरे के हिस्से की हरी नोक बचाते
रानी सारंगा, राजा भरथरी गाते रहे।
'लू' से लड़ते रहे
तरबतर पसीने से भींजते हुए
टेंट में महज एक गाँठ प्याज लेकर।

वे जानते थे
धूप की साइकिल पर
लू टुनटुनाती पत्तियाँ
हर वर्ष गाँव के किवाड़ों के बाहर
सुलगाते कंडियाँ भीड़ जुटाती हैं
उठते धुओं के साथ मेरा गाँव नदी छूता है
बोये गए खेतों में फिर बीज बोता है।

वे जानते थे
मूँज और सर्पतों में रगड़ते मुँह—
खरहा-सियार
नट के छोकड़ों के होते हैं शिकार
कंधों ने कितना किया है ब्याह
डोली रोककर छहाँते कहार इसका हिसाब करते हैं।
मैंने गुल्लू को पागुर करती गायों के बीच

झुके हुए देखा है
मैंने उससे गमछे में पल्लव रख
कुएँ से जल खींचना सीखा है।

दौड़ते पथ
कोयला-सी टिकोरों की चोंप
आँखों में लगती है फबदने
और लगते हैं उभरने
छाती में खुरों के दाग।
मैं तुम्हारे धूल धूसरित पाँव के नीचे
बार-बार लगाता हूँ डुबकी
कभी कमल के लिए
कभी दूध के लिए

गुल्लू !
तुम कृष्ण थे, बसंत थे
किन्तु जब मरे तो एक ठोप दूध नहीं मिला
डालियाँ चहकीं
तुम्हारे लिए फूल नहीं खिला।

गुल्लू !
छाती में खुरों के दाग पकने लगे हैं
राजा भरथरी, रानी सारंगा का गीत लेकर
हम 'लू' से ही नहीं
तुम्हारे दुश्मनों से भी लड़ने लगे हैं
महज एक गाँठ प्याज लेकर।

जमीन

जिसकी देह पर पत्तियाँ नहीं
सिर्फ पत्तियों की जुबान थी
मैंने बसंत में कहा वे पलाश थे
तुम पलाश रोपने लगीं।
रात-बिरात
दरवाजे-दरवाजे जो चलाता रहा जुबान
उसकी जुबान पर जुबान थी
मैंने उसे कहा पट्टू[1]
तुम पट्टू पोसने लगीं।

पलाश रोपते, पट्टू पोसते
तुम्हें लगी नहीं आहट
दर्द से कराहती थी, जमीन की लिखावट

जमीन की लिखावट
मटर के फूल और धान की ओरमती बालियों-सी सुंदर
कामगार हाथों,
आँखों में होती है स्पष्ट
इसे न तुमने जाना, न सुना
तुम्हें तो पट्टुओं ने किया थिर
जमीन पर जब नजर गई
तब तुम्हें लगा मैं गई हूँ घिर

---

1. तोता

पट्टू पोसते—पलाश रोपते
दरवाजे की हुई तुम सिल
घाट से लौटते हुए पंद्रह-बीस-तीस वर्ष
तुम्हें छूते कलपते, तुम्हारी गलतियों को लाँघते रहे
इसलिए कि तुम अब भी बड़ी हो
ठीक समय दे सको ऐसी घड़ी हो

पढ़ते-पढ़ते तुम्हें लोग याद रखें
सबक की ऐसी छड़ी हो
हलवाहे तुम्हें गा सकें
हल की मूठ पर ऐसी जड़ी हो
किंतु तुम !
गाठ की तरह जहाँ खड़ी थी
किंतु तुम !
गाछ की तरह जहाँ खड़ी थी
वहाँ अब भी खड़ी हो

जमीन डोलती है आँखों में करते आँख
दिल में करते दिल
जमीन बोलती है कदम-कदम चलो हिलमिल
जमीन खेलती है
फसलों के साथ घुलमिल

जमीन और समय की धड़कनों पर रखते हाथ
पट्टू नहीं पोसते, पलाश नहीं रोपते
उनके संग चलते हैं, जिनके पाँव जलते हैं
पट्टू नहीं पोसते, पलाश नहीं रोपते
वहाँ सींचते हैं जहाँ फूल खिलते हैं
पट्टू नहीं पोसते, पलाश नहीं रोपते
लालटेन की बत्ती की आग की तरह
अँधेरे में उतरते हैं।

पिछली बार

भोंपू लिए, चूहामार बेचते
पुड़िया बनाते
बीड़ी फूँकते
अब्दुल का बेटा सत्तार
मिला था पिछली बार
किचकिच में था
अठन्नी, चवन्नी के घिचपिच में था
पगला ! हलवाई के घपले में था
वह जहाँ था
ऊँच, नीच, किसिम-किसिम मनई
का रेल-पेल था

बिसाती की टिकुली पर, गोहना पर, ईंगुर पर,
फुलना पर जोर था
उस हो-हल्ले में लुटे, पिटे—
दो जनों को सिपाही ने लिया धर
सिपाही को पैसे की लगी थी नजर

कसाई की छूरी पर
बाबुओं की आँख थी
थाना की पुरोहिती में
बनियों की गाँठ थी
इसीलिए कई किसिम बाँट से
बनी-ठनी हाट थी।

मैं उस बनी-ठनी हाट में
मोचियों के बीच ठीक करता रहा कील
रह-रह कर हवा दिखाती रही धूल
धूल में नहाया जब सत्तार मिला
जैसे किसी मुरझाए फूल की जड़ जगी
और वह खिला
घंटों तक घटाटोप घटाओं में
मुझे अपने साथ ले जाता रहा
मैं अपने तलवे की चुभी हुई कील दिखाता रहा
वह अपने पड़ोसियों की व्यथा कहता रहा
इतने में बाजार उठा
लदुवा घोड़े पिछले रास्तों पर लौटने लगे
उसने कहा—अँधेरा हुआ अब मैं चला...

महीनों बाद मालूम हुआ
मेरे पाँव की चुभी हुई कील
सत्तार के तलवे में मिली
लड़ते हुए
सत्तार घर से गया, गाँव से गया
सूना हुआ बाजार
बीड़ी फूँकते, चूहामार बेचते
अब्दुल का बेटा सत्तार
मिला था पिछली बार।

मुर्दागाड़ी

उठती हो अचानक
किसी जलसे-सा छा जाती हो
मेरे विश्राम के क्षणों में
अलग-अलग टुकड़ों से जुड़ा शामियाना
कितना भला लगता है जब तनता है
उसके नीचे जब बातें होती हैं
तो कितना हरा लगता है
बातें ऐसी जो
नगरपालिका के खंभे में जड़े लैंप को
दसयें, पंद्रहें किरासन तेल दिखाती थी
खर्राटा लेते मुहल्लों में लड़ते थे कुत्ते
हाँक लगाता चौकीदार
शीत भरे मैदान में...
पुआल की तरह पड़ा रहता था

जागते रहो
ग्राम, जिला, देश
तुम्हारे लिए हम गिनती हैं, पहाड़ा हैं
हम तुम्हें आए दिन
अखबारों में रक्त से सने पाते हैं
मुझे अपनी आवाज जहाँ देनी चाहिए
वहाँ नहीं
मोटरगाड़ी में वक्त काटने को...
जुबान लड़ाते हैं

शामियाने की एक खूँटी ढीली होती है
शामियाना झुक जाता है
पाँव में चोट लगे या पीठ में
दर्द का विष पूरी देह में जाता है

जागते रहो
रहो जागते ग्राम, जिला, देश
क्योंकि अब जलसे का उद्घाटन होगा
मुर्दागाड़ी ने बदल लिया है अपना चेहरा
अब मुर्दागाड़ी का भाषण होगा
देखो इस गाड़ी के भीतर
कितनी भरी हुई हैं मरी हुई कोमल पाँखें
आज फिर नारों पर चली गोलियाँ
आज फिर महुए-सी कूँच गईं
पूरी बस्ती की आँखें।

पैसा

उसकी आँखों में धूल-भरी कच्ची सड़क थी
जिस पर दौड़ती रहती थीं
अजीब किस्म की साइकिलें
टाँगे हुए पंछी, बच्चे, फूल

उसकी आँखों में धूल-भरी कच्ची सड़क थी
जिस पर आँखें रोते-रोते आई थीं सूज
उसके होंठों पर पत्ते-पत्ते की पहचान थी

जब वह बच्चों से घिरता
ताड़ के पत्ते को मोड़ता
फिर अपने होंठों पर रखता, बच्चों के होंठों पर रखता
बजने लगते थे बच्चे
बजने लगता था वह

इतना साफ आदमी
इतना चोख आदमी पगला हो सकता है !
....
....
अब पक्का यकीन होता है
ऐसा हो सकता है
पैसा किसी आदमी पर इतना हँस सकता है।

वैताल मोःशाय

थाह लगाते डंडे
पड़ रहे हैं छोटे
गले तक जल में साथी हैं उतरते
हिलता है छोर–
जैसे जहाज जाता है
हिलकोर पर चढ़ाता हिलकोर
साथी आँखों भरा जल लिए
दौड़ रहे हैं कविता के दमकल में–
बजाते घंटियाँ
साथी आँखों में आँच लिए–
रेंग रहे हैं ईंट सलाकते हुए तख्तियाँ
साथियों की लकीरों पर टँगा
जो झूल रहा है–
वह अक्षर नहीं, फड़फड़ाता हुआ 'पर' है
आप पढ़िए–
आपकी ही आँखों में साथियों का घर है
स्वच्छ आँखों को यदि आप टोपी न दें
भीड़ में यदि आप कान खोलकर चल दें
फिर जिस द्वार पर खड़े हैं आप
उस द्वार में द्वार
होता जाएगा द्वार
मिलते जाएँगे भींजते हुए, भगते हुए–
चौतरफा दोस्त, यार
फिर जिस द्वार पर खड़े हैं आप

उस द्वार में होता जाएगा द्वार
हर द्वार मेरा राजा
हर द्वार मेरा सोना
हर द्वार मेरा पालना
हर द्वार मेरा हँसना
मुझे किसी भी युद्ध के द्वार से खड़े होकर पुकारोगे तुम
मैं कान पर आँख किए—
चला आऊँगा तीर की तरह पूरा वेग लिए
मुझे किसी भी अंध द्वार से पुकारो तुम
मैं चला आऊँगा हाथों में मशाल लिए
मुझे किसी लहर के द्वार से
पुकारोगे तुम
मैं चला आऊँगा किश्ती लिए

तुम्हें पता है !
मुझ देहाती का देहात जो जकड़ा है
मुझमें से हर देहाती को यह पता है
वह आदमी नहीं, वह कपड़ा है
उसे देह नहीं
वह खुद देह को पहनता है
किंतु पक्षियों की तरह यहाँ-वहाँ उड़ता है
उस वैताल को कंधे पर ढोता
बार-बार मुक्त होता रहा—
और बार-बार कहता रहा—कविता का दमकल
  लाल बत्तियों से गुजरता है
हिलकोर पर हिलकोर चढ़ता है
वैताल मोशाय यह सब तुम्हें क्या अच्छा लगता है ?
वैताल मोशाय की एक-एक गाँठ में
मुँह, हाथ, पैर मिले हैं
वैताल मोशाय फिर भी अपनी जगह पर अड़े हैं
वैताल मोशाय !

साथियों की लकीरों पर जो टंगा झूल रहा है
वह अक्षर नहीं, वह फड़फड़ाता हुआ 'पर' है
आपकी आँखों में न सही, न सही
किंतु साथियों की आँखों में आपका घर है।

आग लगी है

साइकिल के टायर और कच्ची गोलियों से खेलते बच्चे
पिता की उम्र तक आते
उन जंग लगी चीजों से खेलने लगे
जिसे उनके पिता ने छोड़ रखा था–
कभी ईश्वर के नाम
जिसे उनकी माँ ने सोच रखा था–
कभी पीली पत्तियों वाली शाम
हर सोचनीय स्थिति में पिंड बोलता है
कुरेदो सिर्फ, फिर देखो संदर्भ कैसे डोलता है
डोलने और बजने की हर आवाज
झनन-झन-झनन-झन जगह लेती है
लगता है तेगा पर तेगा चलता है
शिखर से जल पत्थरों में
जैसे करता है कलल-कल-कलल-कल
कान दिया तो देखा
वक्त ठीक वहीं छेदता है
सोचनीय स्थिति में पिंड जहाँ बोलता है।

सृजन की धुरी में गवाते अँगूठा
पिछले दिन होते रहे जल
जैसा चाहा भरे प्यालियों में
जो चाहा दिया रंग
वे चित्र बन घूमते रहे उनके संग
आग लगी है

जल रहा है रंगों का वन
घर की भीत पर अंकित
तुम्हारे पंजों के निशान
ताजा हुए हैं इरादों पर होकर लाल
घटना स्थल पर
तड़तड़ाते हुए बाँस की कईन लिए
बुदबुदाता रहा—

स्वर दिया था, मानुष किया था।
उस दिन गाँव से धुआँ उठ रहा था
मेलहा कंधे पर लटकाए
बच्चा, बुतरु भागे जा रहे थे
सरपतों की धार पर
लुपलुपा रही थी धूप
गौरैया, किलहट—बिजली के नंगे तार पर
टहनी के फूल-सा हिल रही थी
हुचुक-हुचुक कर कोई औरत
कुएँ में जल पी रही थी

उस चिंग्घाड़ भरी रात में
देख रहा था चिराग के लौ के नीचे
पोथी पड़ी थी, कमीज पड़ी थी
हल पड़ा था, कुदाल पड़ी थी
मैंने उसे उलटकर एक किनारे रखना चाहा
देखा बच्चा पड़ा था, औरत पड़ी थी
लड़ाई की उस जगह पर काई जमी थी।

किताबों और कापियों से उठाते सिर
चढ़ाते ऐनक, खोलते कलम
पुकारा—तस्वीर मिली ?
बच्चे ने अंदर से ही कहा—
चीजों पर चीजें चढ़ी हैं

तस्वीर बीच में कहीं अड़ी है

उस औरत और उस बच्चे के बीच
कई जेलखाने कई अस्पताल बनते हैं द्वार
देखा, दुनिया अंदर नहीं बाहर खड़ी है
मैंने जिस भी द्वार से प्रवेश किया
रंगों का वन जल रहा है
भीतर आग लगी है।

जड़ों की आखिरी पकड़ तक

(अपने दोस्त श्रीराम तिवारी के लिए)

पात-पात पर सुबह जैसे ही साफ होती
छप्पर की गोरैया बच्चे की चोंच में चोंच डाले
फुनगी पर दाना चुगाती—
आकाश तक जाती, छप्पर में आती।

छप्पर, आकाश
आकाश, छप्पर
और दीखता वह छज्जा, 'बाज' ने कुतर-कुतर—
गोरैया का खाया था जहाँ रक्तमांस
रक्तमांस का वह छज्जा, गोरैया का यह छप्पर
डोल रहा था तब से मन में
अब नहीं डोलता आकाश और छप्पर।

पंछियों में एक पंछी
आँखों में बैठाए अपने से छोटे पंछियों की देह
बरसों से बोलता आ रहा है टें, टें, टें
जबकि हवाएँ उठती हैं
जड़ों की आखिरी पकड़ तक पहुँचने को पृथ्वी से आकाश तक
बवंडर खड़ा कर देती हैं
हवाएँ उठती हैं
पालों को फहरातीं, फसलों को लहरातीं, भीगते हुए जंगलों में आग फेंकतीं।

फसलों और हवाओं के दिन
नारंगी-सी खूबसूरत दुनिया की त्योरियों पर आए—
पंख से पसीजते अनुभवों के दिन
ऐसे बड़े दिन में ये स्वचालित मिट्टी के अंदर-बाहर—
तोड़ते हैं पत्थर खटर-खटर, खटर-खट
वे परजीवी ऊपर ही ऊपर से पीते हैं रक्त गटर-गट, गटर-गट
जबकि मुट्ठियाँ उछलती हैं, घर कर लेती हैं
मुट्ठियाँ उछलती हैं, काँपती लौ तक गुजर जाती हैं।

यह सब गाने का समय नहीं, समय नहीं आँखों में जल-भर चुप रहने का
क्योंकि पाँव—पैदल समय नाप रहा है दुनिया
निश्चित जानो बंधु
कल बचेंगी नहीं मुट्ठियों को मारने वाले मुट्ठियाँ
चिड़ियों को मारने वाली चिड़ियाँ।

पानी में गाँव

मैं पानी में गाँव गया।
काली पट्टियाँ लगाती दिशाओं में बाढ़
गाँव का गाँव सिंघाड़े की तरह छोड़ गई
कैसे-कैसे लोग
कहाँ-कहाँ बह गए
मवेशी तो बहते-बहते बरदही[1] में लग गए
तमोलियों ने कहा—खूब रवन्ना[2] काटते थे मुंशीजी
अब काटें तो जानूँ
खूब बनरसिया साड़ी पहन कर
छाती पर गेंदा बाँधता था दरभंगिया
अब कमर डुलावे तो जानूँ
बड़े कानूनचीं बनते थे वक्सीनेटर
उनकी साइकिल तो सुसरी गाँव के गाइड़े[3] ही भास गई
मत पूछिए कुछ
सूखता भी नहीं था रूमाल का खून
कि पहुँच जाते थे कायस्थों के बच्चे खस्सी का लेने—
रान, सीना, गर्दन
मत पूछिए कुछ...
छाजन का बंधन छूट रहा है

---

1. जहाँ बैल का बाजार लगता है।
2. रसीद।
3. करीब।

छूट रहा है तकिए पर लिखे स्वागतम् का रंग
कड़क-कड़क कर
तड़ाम, तड़ाम कर बिजली टूट रही है दुधार पेड़ पर
ऐसा अंधकार !
ऐसा अंधकार...
बुधिया माचिस की एक काठी खातिर
स्साला सूअर का बच्चा...

आदमी और घोड़े में
फर्क बस थोड़ा है
पैदा होते ही दोनों सवारी हो जाते हैं
इस फर्क को वे और गहरा करेंगे
और गहरा करेंगे, जो भी हो
मगर घोड़ा
घोड़े पर नहीं चढ़ता
बुधिया माचिस की एक काठी खातिर–
स्साला सूअर का बच्चा...

डूबी हुई पुलियों के पार काटकर आवृत्ति
नाच रहा है सूर्य
मुझे लोग मुझ जैसा नहीं पा रहे हैं
हालाँकि, मुझमें लोग आ रहे हैं–
आ रहे हैं, आ रहे हैं, आ रहे हैं।

पुतला

वे बैलगाड़ी माफिक
पेट के नीचे लालटेन झुलाते
अंध गलियों में गोलियों-सा पिल रहे हैं
उनकी पीठों पर खेलती हैं
गल्ले की बोरियाँ
वे अपने बच्चों के लिए नहीं बने हाथी
उनकी कनपटी के बगल से उठता है मेला
पहने हुए रोयेंदार टोपियाँ
वे अपने बच्चों के लिए नहीं बने गाती
सुन रहे हो रामचइत्तर !
जग रहे हो रामचइत्तर !!
उठ रहे हो रामचइत्तर !!!
बैलों की घंटियाँ जगीं
मचान से पिटने लगा कनस्तर
शुरू हुई नीलगायों की भगदड़
सुन रहे हो रामचइत्तर !
जग रहे हो रामचइत्तर !!
उठ रहे हो रामचइत्तर !!!
    बर-बर-बरबर करने लगते बाबू
    उगते सुकऊआ[1]
    बाबू की आँखों में इसी तरह
    दिन-दिन रहे चौकसी के फूटते कल्ले

---

1. सुकउआ = शुक्रतारा

किंतु रामचइत्तर ?
अपनी दर से न हिले, न डुले
वे रहे हमेशा दूर गाँव से
आते-जाते गाँव
यार दोस्त से बतियाते
मुँह में पानी ला देते
हमारा गाँव
अहा ! हमारा गाँव

फटी बवाइयों वाले पाँव
धरती की हरियाली में
रंग डालने वाले पाँव
घर धांगते बंदरों को आग दिखाने वाले पाँव
मिले खड़े खेतों में
रामचइत्तर को बहुत दिनों के बाद
रामचइत्तर ने देखा–
बीच खेत में कौआ पकड़े
कैसे पेड़ हो गए हैं पाँव
उस पर मार झपट्टा कौए बोल रहे हैं...
काँव, काँव, काँव
रामचइत्तर ने सोचा–
यह घटना तो कविता हो सकती है
दुनिया हमको सहज भाव से–
जनवादी कह सकती है
अहा ! काँव, काँव, काँव
अहा !! गाँव, गाँव, गाँव

समझ

चिड़िया जब हिलती
चिड़िया के पेट से धान की भूसी उड़ती
बच्ची की आँखों में पड़ती
कानों में घुसती
बच्ची चिल्लाने लगती—चिलिया, चिलिया
मकान बोलता—हाँ, चिलिया, चिलिया
मकान-भर बरसात जहाँ-तहाँ रोता रहता
बच्ची बोलती फिरती घल-घल
मकान बोलता—हाँ, घल-घल
बच्ची कई बरसात लाँघने के बाद घल से घर तक पहुँची
बत्तख सीने से सटाए माँ ने देखा
बच्ची माँ तक पहुँची
माँ जल्दी से बत्तख छोड़ते बोली—बत्तख !
बच्ची ने कहा—हाँ, हाँ बत्तख ! बत्तख !!

वर्ष

गोरैया को रँगते रंग उठे हाथ
गोली किधर से आई
होली बीत गई अस्पताल के बिछौने पर
चूसते हैं रोम-रोम से ये जंतु
माथ की रोशनी थोड़ा तेज करो
पास का आदमी बोला—यह लालटेन थोड़ी है
इसका पेंच यहाँ से नहीं
वहाँ से घूमता है।
कमर बदलो चादर ठीक किए देता हूँ
खंभे से सटाकर पीठ जो बैठी है
दोस्त की पत्नी है, पगली
इसका मर्द
यहाँ थोड़ी है,
वह तो वहीं का वहीं रह गया
वहाँ क्या है ?
उत्तर मिला—सड़क

इतनी सीढ़ियों के बाद यह दर्द चढ़ता है
मना करो इस दर्द को कौन हँसता है
और...
इतने में किसी ने कहा
लड़खड़ाता हुआ वर्ष चला गया।

बजड़ा

बजड़ा जब खुलता है
सेवार की फँसी मछलियाँ डोलती हैं
परछाइयाँ डोलती हैं
बजड़ा पूरा डोलता है उनकी देह में
जो कमर, हाथ में पाल की डोर लपेटे
हवाओं और लहरों के विरुद्ध चलते हैं–
पैरों को पानी, घास, पत्थरों में रगड़ते हुए।
बिना डोर का बजड़ा
काठ का टुकड़ा होता है
हवाएँ अपने माफिक हिलाती हैं, डुलाती हैं
वह गल जाता है हाथ-भर पानी में

मुझमें बजड़े का आदमी है
जो आत्महत्या की हुई लहरों की तरफ
ले जा रहा है
बोलते हुए–खून, खून, खून
मुझमें एड़ियों के दाग बनते जा रहे हैं
हो रहा है चीत्कार
तू मेरी सुन, तू मेरी सुन
कोमल तलवे, नन्ही आँखों का होता है–
कलल-कल, कलल-कल,
डैने फुलाकर कूद रहे हैं पंछी
मुझमें कुछ उँगलियाँ हिल रही हैं
मुझमें गूँज रही है पुकार–

तीस-तीस बरसों से
चूहे कुतर रहे हैं एक प्यारी कमीज
मुझमें ठिठुर रही है एक प्यारी देह
मैं आहिस्ते-आहिस्ते यहाँ तक आ पहुँचा
लोग पूछते हैं पिताजी हैं तो ?
माँ से मिलने जाते तो हैं !
बरसों से इधर-उधर घूम रहे हैं आप
बीमार-वगैरह पड़ जायें तो...! (हँसते हुए)
मगर कवि सब तो ऐसे ही होते हैं
उन्हें तो अपने ही...

बस कुछ ऐसा ही
बरसों पहले मैं भी पूछता रहता था प्रिया से
पहाड़ों के पार
मोर के झड़ते हैं पंख
क्या तुम अब भी याददाश्त के लिए उन्हें चुनकर
किताबों में रखती हो ?
वह हँसती थी तब
जैसे मैं अब हँसता हूँ।

चिह्न

वहाँ तक पहुँचने में हमारा ही कंधा है
जिस पर चढ़ कर गुलाबी तलवे तुम्हारे
पार कर जाते हैं लिए दीन-हीन चेहरा
भिगोते हुए मुसकराहटों से, आँसुओं से,
सिक्कों से।

तनी और लटकी हुई रस्सियों के बीच
छोड़ देते हैं उँगली, यह सिखाते हुए—दाग यहीं देना
मैं तुम्हारे दर्द का पहला सूरज हूँ
दाग यहीं देना है...

पूरी की पूरी देह सिकुड़ कर
जब अँगूठे से बाहर निकल जाती है
ठहाका मार कर अँधेरा फिर हँसता है
एक चुनाव और !
एक चुनाव और !!

रानी के सिरहाने-पैंताने

जलकुंभी के फूल बैंजनी रंग
उन आँखों में चढ़े हुए हैं
बिल्लियाँ मुँह चाट रही हैं
        खाट-वाट पर
        आदर-चादर पर

घर की चीजों के माफिक
उस घर की हर देह बनी है
एक सूराख से हमने भी देखा
कितने बच्चों की उस आँगन में गेंद पड़ी है
गंध-पारखी बिल्लियाँ समझ रही हैं, बूझ रही हैं—
किस मुँह को चाट-वाट कर स्वास्थ्य लाभ होगा
इसीलिए लड़ती हैं कभी-कभी आपस में पूँछ उठाकर
        खाट-वाट पर
        आदर-चादर पर

वे बाहर से पंख तोड़कर
घर में कुरुर, कुरुर खातीं
कभी त्रिभुज में रहती
कभी नब्बे अंश का कोण बनातीं
घर का स्वभाव तिरता है इनकी आँखों में
बड़ी भद्र हैं, चुहल कर रही हैं
        खाट-वाट पर
        आदर-चादर पर

दिन गुजरे कुछ
घर से गंध लगी दूसरी आने
पंडितजी ने तभी बताया
बहुत रात से जगी बिल्लियाँ चली गईं सोने
रानी के सिरहाने-पैंताने
मत छेड़-छाड़ कर
                    खाट-वाट पर
                    आदर-चादर पर

रानी अब जाग रही है
रानी हाथों में खून भरा खप्पर लेकर
दर्पण देख रही है
रानी सभी बिल्लियों की घंटियाँ अपने गर्दन में बाँध रही है
रानी हँसती है फिर कुछ गुजरेगा
देखो अपने बच्चों को
                    खाट-वाट पर
                    आदर-चादर पर

जगह

कितना मुश्किल है तुम्हें दिखाना वह जगह
जिसे तुम्हारे लिए रिक्त रखा था कभी
वहाँ अनगिनत मधुमक्खियों ने कर लिया है छत्त
मेरे घर में एक घर हो गया है
बासी घरौंदे को फोड़कर

आजादी–1

सरकंडे की तरंडों[1] पर
केंद्रित आँखें झुकाईं डोर
नंगों ने समझा हमारी मदद हो रही है
नंगों की कौम और नंगी हो गई।

जल के भीतर का चित्र शाम होते-होते
बाहर की आँखों में तिर आया
जल के अंदर से एक नंगे ने देखा
दूसरे ने देखा, तीसरे ने देखा
एक-एक कर सबों ने नंगई शुरू की
कि सेल्हा[2] भर गया।

तरंडे पर टिकी आँखें फिर धीरे-से उठीं
और अपनी जगहें बदल लीं।

---

1. वंशी का सिगनल।
2. मछली जिस डोर में गूँथकर इकट्ठी की जाती है।

आजादी–2

चिड़ियों के आदमी
गुड़ियों के आदमी
सूइयों के आदमी
अपनी उँगलियों में धागे का एक सिरा लेकर
खोज रहे हैं,
अपनी जमात
मुँह दिखे कि सिल दें
मुँह दिखे कि आग रख दें
मुँह दिखे कि चल दें
थरथराती हुई चक्करदार घुमाव में
जब जमात मिली
फिर सब आपस में लड़ने लगे।

आत्मसत्य

तंग होकर तंगी में आँखें कितना कुछ
तोड़कर रख देती हैं,
मैंने जाना इसे यहाँ-वहाँ नहीं
दृष्टि जहाँ पहुँचे वहाँ तक पसर कर,
कभी पीछा करता हुआ दिन
मेरे घनेरे समय के आगे दर्पण रखता
बंजर से उड़ती हुई धूल
आकर यहाँ धीमी हो जाती
मैं कस्बे से जल्दी-जल्दी यहाँ-वहाँ पहुँच जाता
अपने लिए, तुम्हारे लिए, और उनके लिए,
काँपते जल में थिर होने की हँसी भरता
पत्तियों का उदय, पत्तियों का अस्त
मेरे ही भृकुटि पर बनाता अपना निशान
उस निशान पर चलते-चलते मैं पार कर लेता
वह सब सारा जोड़ जिसे मेरे अंतर ने तोड़ा है सौ-सौ बार
मैं जिधर जाने को इधर से गुजरता हूँ
यदि उन सभी गलियों को बंद कर दिया जाए
तो मुझे साफ एक घड़े की पेंदी पर
झूलते हुए लत्ते की तरह पाओगे, ठोप-ठोप पानी
चुआता हुआ
जो बूँद-बूँद चूता है अपने ही माथे पर
यह कितना बड़ा प्रहसन है।

पारसबीघा

जली हुई मिट्‌टी की दीवारों
और बिछौनों में पाँच वर्ष से पचास वर्ष
उससे भी आगे के कई वर्ष पड़े हुए हैं
हम इन वर्षों में अपने को खोज रहे हैं–
एक पुत्र होकर
एक पिता होकर
एक साथी होकर
क्योंकि पहचान करने का यही सही समय है
माँ के स्तन से सटी हों जब अस्थियाँ
पुलिस और गिद्धों से घिरी हुईं

हम पहचान रहे हैं
आँखों में बनते हुए रक्त के वृत्त
बेलधर काका, घरभरन भाय,
संतुवा का कठफोड़वा नाच किस तरह हुआ शेष !
रोता है मंगरा चौकीदार बिलख-बिलखकर
टैगरवा पूँछ दबाए बैठा है दूर खेत में
रात भर भूँक-भूँककर दौड़ रहा था प्रचंड आग में
अब न उठेगा
रोता है मंगरा चौकीदार बिलख-बिलखकर

मैं इन लोगों को बचपन से जानता हूँ
मैं कहीं भी इसे गर्व से कह सकता हूँ–
मेरे जैसे तमाम लोगों का बचपन सिरजा इन लोगों ने

इनके मुँह में काठ की एक जुबान थी
पैरों में लोहे का फाल
वे बंजर से बंजर धरती का मुँह खोलते
दाना डालते आगे बढ़ते थे
और हर बार दुनिया से इसी तरह...
इसी तरह, हाँ इसी तरह...
लगातार इसी तरह....

बदलो, बदलो रुख मेरे भाई !
लाओ जुबान में ताकत
लहरा जाओ दूर-दूर तक एक ही स्वर में
पहचानो, पहचानो खुद को
तुम वहाँ तक हो
जहाँ तक राहों, हवाओं की संभावनाएँ हैं
जहाँ तक धूल, बीज की संभावनाएँ हैं
कि उठता है मंगरा चौकीदार
उठता है टैगरवा
दोनों चिल्लाते हैं एक साथ
दोनों बढ़ते हैं एक साथ
फिर कवि भी हो जाता है साथ-साथ
क्योंकि साफ-साफ देखने को
साफ-साफ कहना ही कविता है।

मेढकों की पहरेदारी

याद रखो, बरसात जब ताल में
काई को जगह देती है
फिर उसे फाड़ भी देती है
टर्र-टर्र वाली पहरेदारी मेढकों की
छूट जाती है।

एक मित्र की मौत पर

आस-पास की पत्तियों को नम करते हुए
तुम कहने लगे थे
रास्ता निकलना ही चाहिए
काँटा, कुश,
पानी, आग को लाँघते हुए
होने लगी थी बूँदाबाँदी
अचकचा कर फिर तुम कहने लगे थे
लड़के सभी स्कूल से निकले ही होंगे
कि शुरू हो गया होगा
तुम्हारे कपोल पर छलछला आया था दर्द
तुम्हारी एड़ियों का पत्थर खिसक गया था
तुम पहुँच गए थे वहाँ
जहाँ दुबली-पतली पगडंडियाँ जल में बदल जाती हैं।
मैं जब भी कभी उस आकाश से गुजरता हूँ
उस जल को निहारता हूँ
मुझे हर बार अपना ही चेहरा
दिखाई पड़ता है, मित्र !

खतरे के निशान के ऊपर

पीठ पीछे हहरता घोकरकस
रोज रात आता है
रोज रात लकड़बग्घा देह लिए शिशु का
खेत की मेंड़ से फसल-फसल निकल जाता है।
अँधेरे का पड़ताल,
उस वक्त पूरे गाँव में चलता है
सिर्फ एक घर है मुखिया का
जिसके ओसारे पर चिराग जलता है।
उस चिराग के नीचे कलपते चेहरे, बदहवास चेहरे
पसीने से लथपथ और दहकते चेहरे
अपनी टट्टर खोलते हैं।
सुबह थाने में दर्ज कराते हैं
दोपहरी अस्पताल में देखते हैं
शाम टीन पीटते खेत के रास्ते में
नजर आते हैं।
उधर खेत में हाँका होता है
उधर घर की दीवार से
देह रगड़ता जानवर सधे कदमों से
डग भरता है
सिर्फ एक घर है मुखिया का जिसके ओसारे पर
चिराग जलता है।

खून फेंकती तारीखें ऐसे में रचनाकार को
खड़ा करती हैं कविता में

देश, दुनिया के सामने
तब कितना लाजमी होता जाता है यह कहना
कि इस मुल्क में आधे से अधिक लोग
खतरे के निशान के ऊपर सूर्योदय देखते हैं
खून की उल्टी करते हैं
किंतु बगावत नहीं करते।

गाँधी के देश का ठकैता डोम

घर-टोला रैदास[1] लोग
थून्हीं से सिलते—
टनकती टीन की छतों पर वर्षा की बूँदें पार कर लेते
हरी-हरी बालियों को रखाते
ठरते-ठिठुरते ठंड लाँघ जाते—
लाँघ जाते भुलभुलाती धूल में नंगे पैर—
मोट का मोट बोझ लेकर।
नंग-धड़ंग
अपने दरबों में—
माड़-भात जोहते इनके बच्चे
बिन अंजोर
कलेंडर को पहनाते हैं कील
इर दरबों से पहली बार मैट्रिक तक गया जो—
वह था ठकैता डोम और उसकी बहन शील

ठकैता डोम
दिक्कू के हाथ का गुल्ली था, डंडा था
दाँव आजमाते हाथों का रंदा था, फंदा था
कुसूर यह था कि वह—
अपने बाप के हाथ का थाम्हे झाड़ू-डंडा था

---

1. चमार।

मैंने एक दिन ठकैता से पूछा—
ठकैता, तू जहाँ काम करता है
यह दिक्कू[1] साहब लगता है कैसा ?
वह बोला—पोथी-पत्तर में शनि ग्रह लगता है जैसा
नहीं ऐसा, वैसा
हुजूर, हुजूर, हुजूर कर खटना
उस पर बूट से ठुकना

दाँतों से रक्त का पूरी कमीज पर बरसना
रात-की-रात चमरटोली में कुहरना
उफ ! चोट पर चोट लगे ठीक वैसा
मैंने ठकैता से पूछा
दिक्कू साहब लगता है कैसा
वह बोला—पोथी-पत्तर में शनि ग्रह लगता है जैसा।

चिरागों की झालर-सी ठकैता
जब अंदर से जगा
फिर दिक्कू के घर काम-काज दिया छोड़
वारंट कटा तभी थाने से
ठकैता है पिस्तौल का चोर

सनपाता[2] हुआ आदमी जब अपनी जुबान खोलता है
माथा ऊँचा कर आगे वाले कद को छूता है
घास उगी राहों पर राह करता है—
तो इस लोकतांत्रिक पद्धति में वह आदमी होता है चोर
और चोर ?
बड़े-बड़े क्लबों में
बड़े-बड़े होटलों में नाचता है—
नाचता है जैसे मोर

---

1. बाहरी व्यक्तियों के लिए झारखंड में प्रयुक्त किया जाता है।
2. डरा हुआ।

माटी के चबूतरे पर पड़ा कागज का मऊर
चिथड़ों से निकली हुई कमल-सी देह
और उँगलियों की थाप पर फटा मृदंग
रौंदते हुए कान्सिटिबल
पूरी चमरटोली में–
फर, फर, फर
घर-दुआर खनते, चूल्हा सुलगाती औरतों को–
बिस्कुट की तरह तोड़ते, लेते रहे तलाशी।
पिस्तौल कहाँ छिपाया है बोल !
ठकैता का भाई बोल !!
ठकैता की माई बोल !!!
बोल कहाँ छिपाया है–
साहब की पिस्तौल ?

लगड़ी बयार में गिरे वृक्ष पर
थर-थर काँपता ठकैता
हथकड़ी के रस्से में फेंकता खून–
बाप-बाप चिल्लाया
भीड़ को चीरकर छेदी डोम
उठाते हाथ वैसे ही आया–
ऐसी मार से मर जाएगा ठकैता
झूठा इलजाम है सरकार
इसे क्या पता पिस्तौल की नली,
पिस्तौल का मूठ होता है कैसा।
यह सुनकर मूँछधारी कान्सिटिबल का बमकना
छेदी के सीने पर फिर चढ़ना
सुनती रहीं सड़कें दूर-दूर तक–
चमरटोली का कुहरना, अनवरत कुहरना।

हाजत की सलाखों से झाँकती
ठकैता की आँखों पर मारते बेंत
दरोगा बोला–ठकैता बोल

साहब की कहाँ है पिस्तौल ?
फिर मारते-मारते
मारते-मारते
सिर को पानी में दियाबोर
होश आने पर पूछता रहा दरोगा
बोल साहब की कहाँ है पिस्तौल ?

बिहार की ऐसी घनी काली रात
हाजत की ऐसी घनी काली रात
अठारह दिसंबर की ऐसी घनी काली रात
ऐसी घनी काली रात में—
साथी, छेदी बोला—दरोगा गया—
ठकैता ! पानी पीएगा ? मुँह खोल
ठकैता ! ठकैता !! ठकैता !!!
झनझना गई सलाखें
वृक्षों से उतर गए फूल
फफकने लगा छेदी
ठकैता गया सींखचे में झूल।

इस तरह घटनाओं का—
कब तक देखिएगा बाइस्कोप
चकत्तों पर ठहरी हुई निगाहों का
कब तक खोजिएगा विलोम
क्या हिंदुस्तान में काफी नहीं होता, एक ठकैता डोम ?

संलाप

मैं उस चक्र का केंद्र हूँ
जहाँ तुम मुझे बैठाती हो, पूजती हो,
निहारती हो और एक लंबा-सा चिक डालकर
पूछने लगती हो बातों का सारांश
माघ आया
गमले के बाहर जो फूल थे वे ठिठुर गए ?
बैसाख आया
गमले के बाहर जो फूल थे वे झुलस गए ?
बैसाख उतरा, आषाढ़ चढ़ा
गमले के बाहर जो फूल थे वे दह गए ?

मुझे मोर की तरह तब तक पंख समेटना
अच्छा लगता है
जब तक कि कालीघटा चढ़े न,
मछलियाँ अपने बच्चों को
चूमने न लगें
हाँ तब तक, हाँ तब तक

दीपेन दा !

जल-जल करती आँखों वाली सुबह
घड़ी-भर आगे
फेंक-फाँक कर नाटक कंपनियों का परदा
जनाना का सिंगार-पटार
हठात् !
सब कुछ हठात् !!
सब कुछ हठात् !!!
पेट का बटन छाती पर गया
छाती का बटन गर्दन पर
तुम्हारी सुंदरता की तुलना नहीं
हे कलकत्ता शहर।
तुम्हारा केश देख, मुँह देख, आँख देख
एक भद्र ने–
देश के तमाम कागजों पर रक्त निशान छोड़ा
तब से दौड़ रहा है जगह-जगह–
'अश्वमेध' का घोड़ा।
इसी 'अश्वमेध' के नाल के नीचे–
घड़ी-भर आगे आए पिछले अध्याय
विश्वजीत ने हठात् कहा–
दीपेन वंदोपाध्याय...
काल रात्रे...
हठात् !

माँ का किस्सा

माँ गाँव से आई है
खेत-भर किस्सों के साथ
माँ किस्से में भीग रही है
घर से वहाँ तक
जहाँ इमली के खोहों में
सुआ के बच्चे पंख खोल रहे हैं
उनके गले में धागा
देह में हरापन
और चोंच में चटक गुलाबी रंग चढ़ रहा है
जब धूप पत्तों से छनकर
उन खोहों तक पहुँचती है
वे चिहुँक उठते हैं एक साथ
घंटों तक इमली का वह पुरनियाँ पेड़
करता रहता है शोर

मुझे अच्छी तरह याद है
उस राह से आते-जाते कितने लोगों ने
अपनी बाँहें बटोर
उन खोहों को किया है रिक्त
कितनों ने पिंजड़े भर-भर उनसे
सीताराम बोलवाया
और मिरच खिला-खिलाकर
जुबान को चाटुकार बनाया

सुआ की माँ
कितनी होती रही चिंतित !
वह हर बार बच्चा गायब होने के बाद
खोहों के ऊपर सर पटकती
आकाश में बिलखती रहती
वह बरसों से नहीं जानती उसके बच्चे कहाँ बड़े हो रहे हैं

माँ कहती है जबकि एक कौआ मरता है
क्षण-भर भी नहीं बीतता
दुनिया-भर के कौए टूट पड़ते हैं एक साथ
मगर सुआ !

माँ किस्से में दहक रही है
किस तरह छिपी है एक फिनगी आग
माँ गाँव से आई है
खेत-भर किस्सों के साथ

●●●